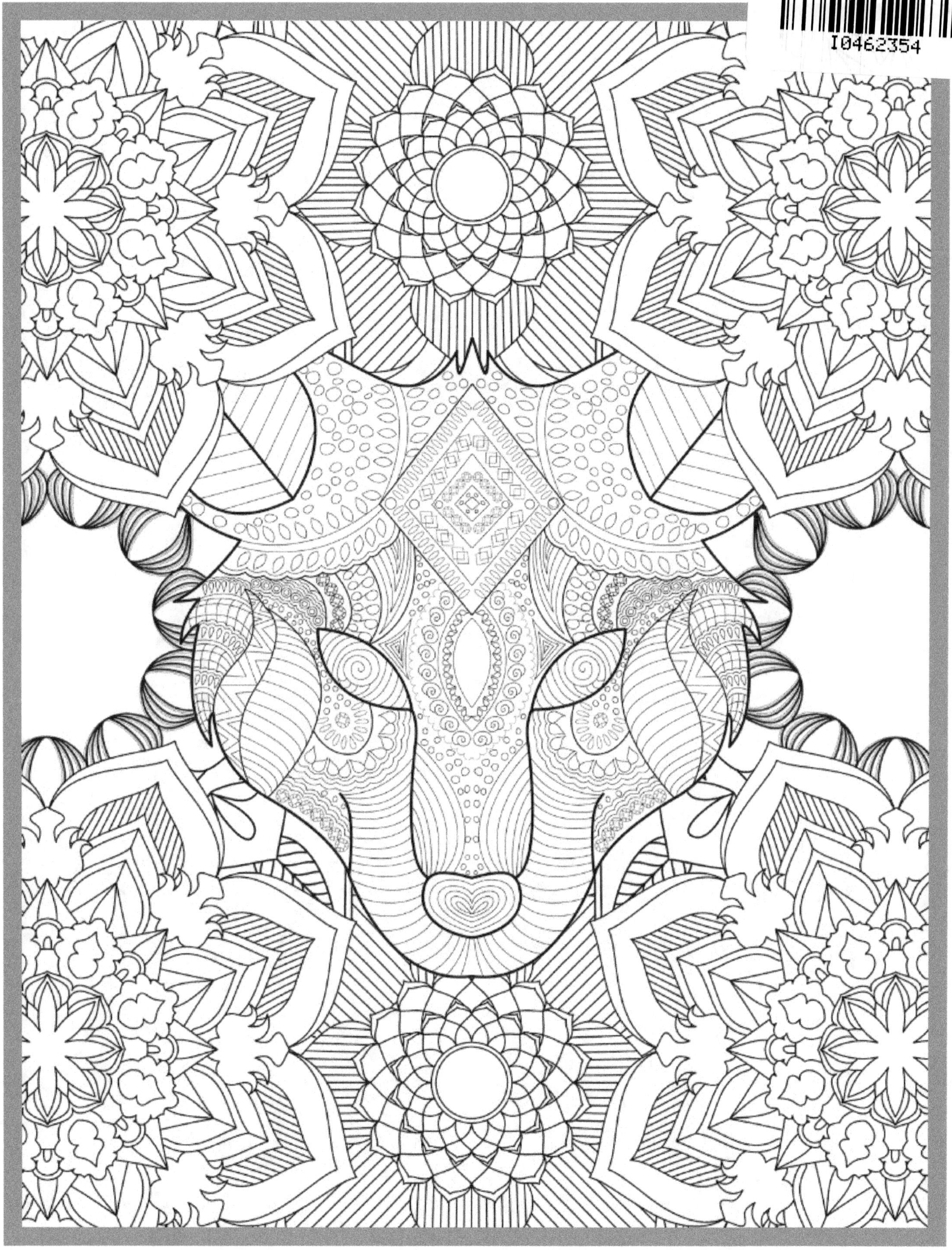

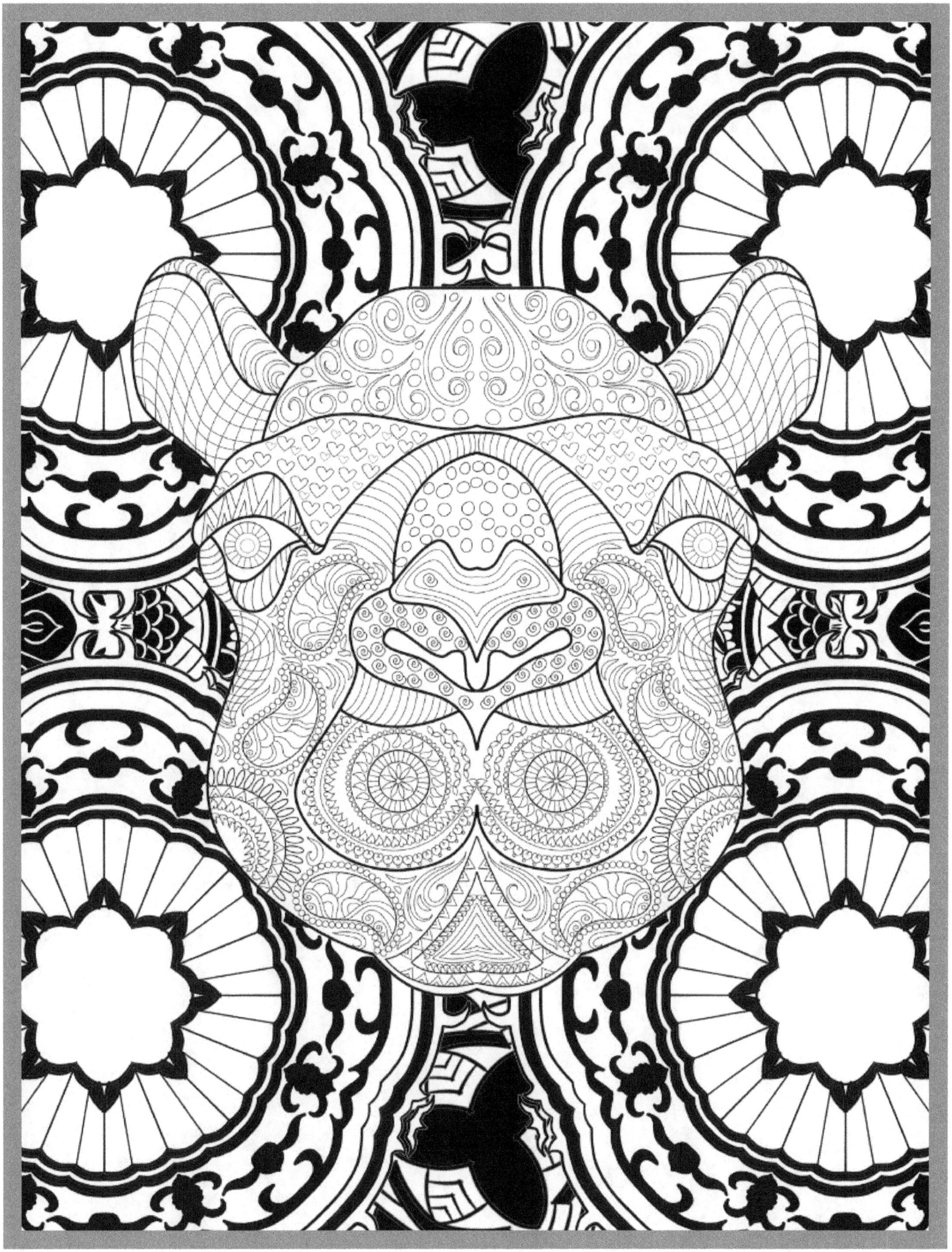

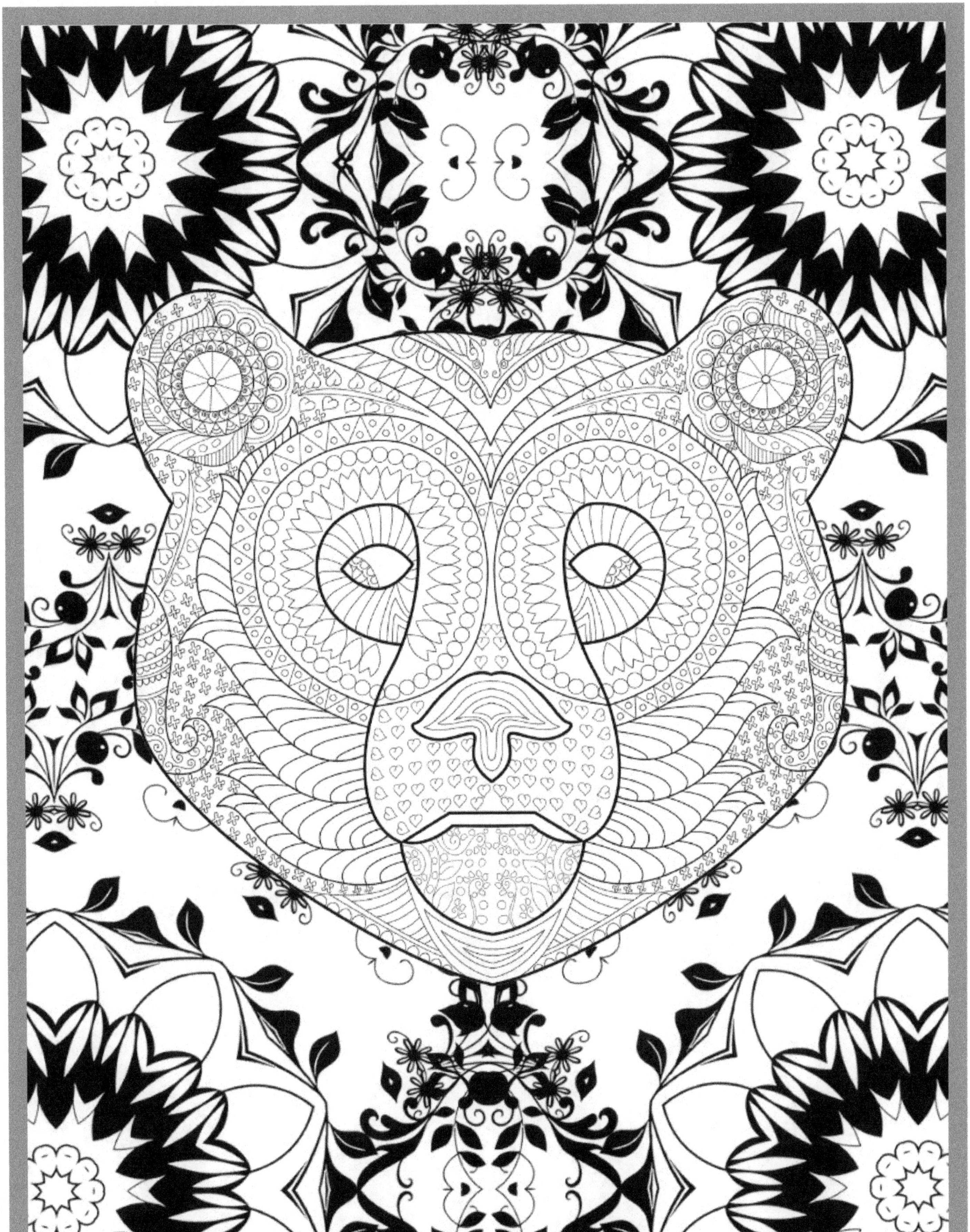

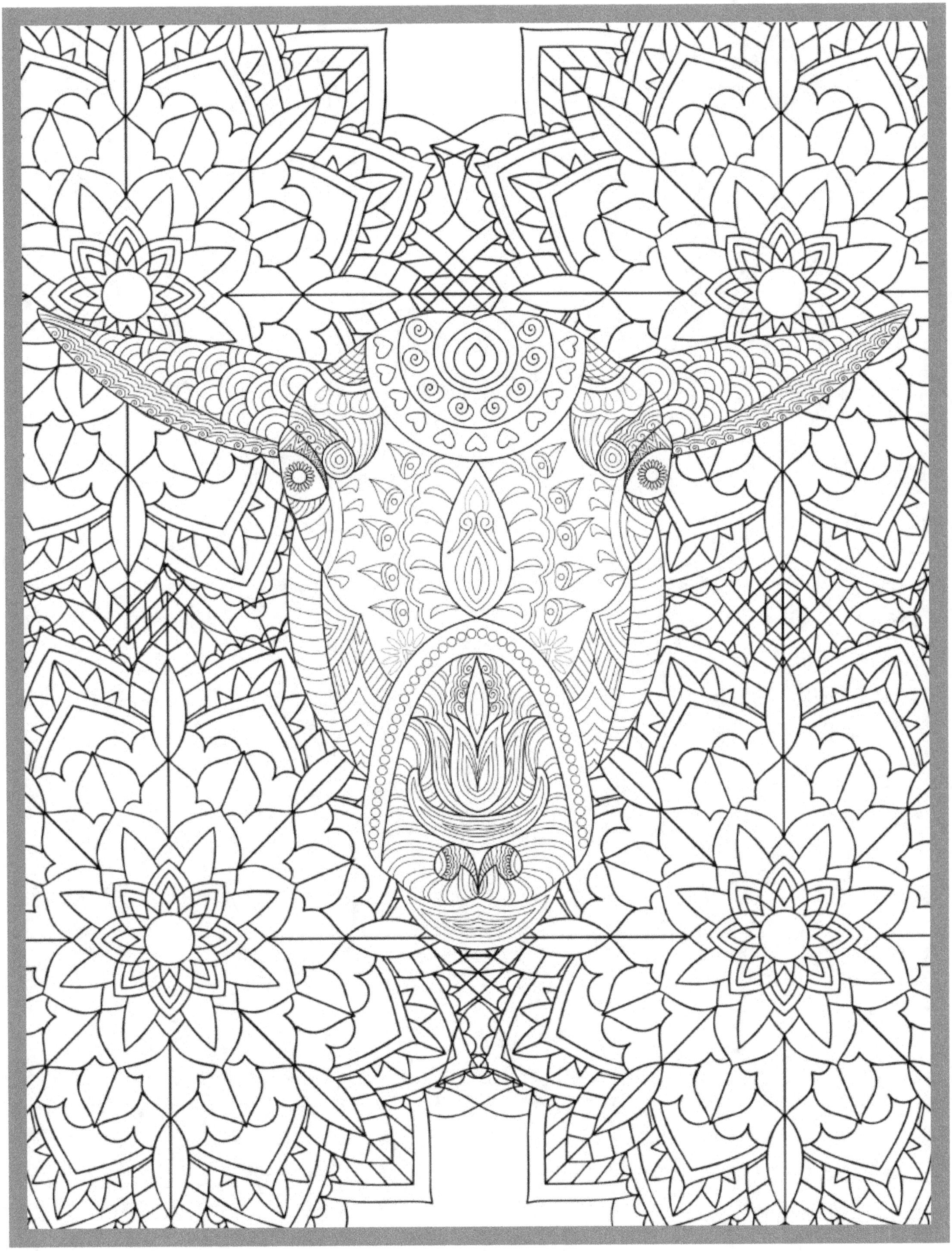

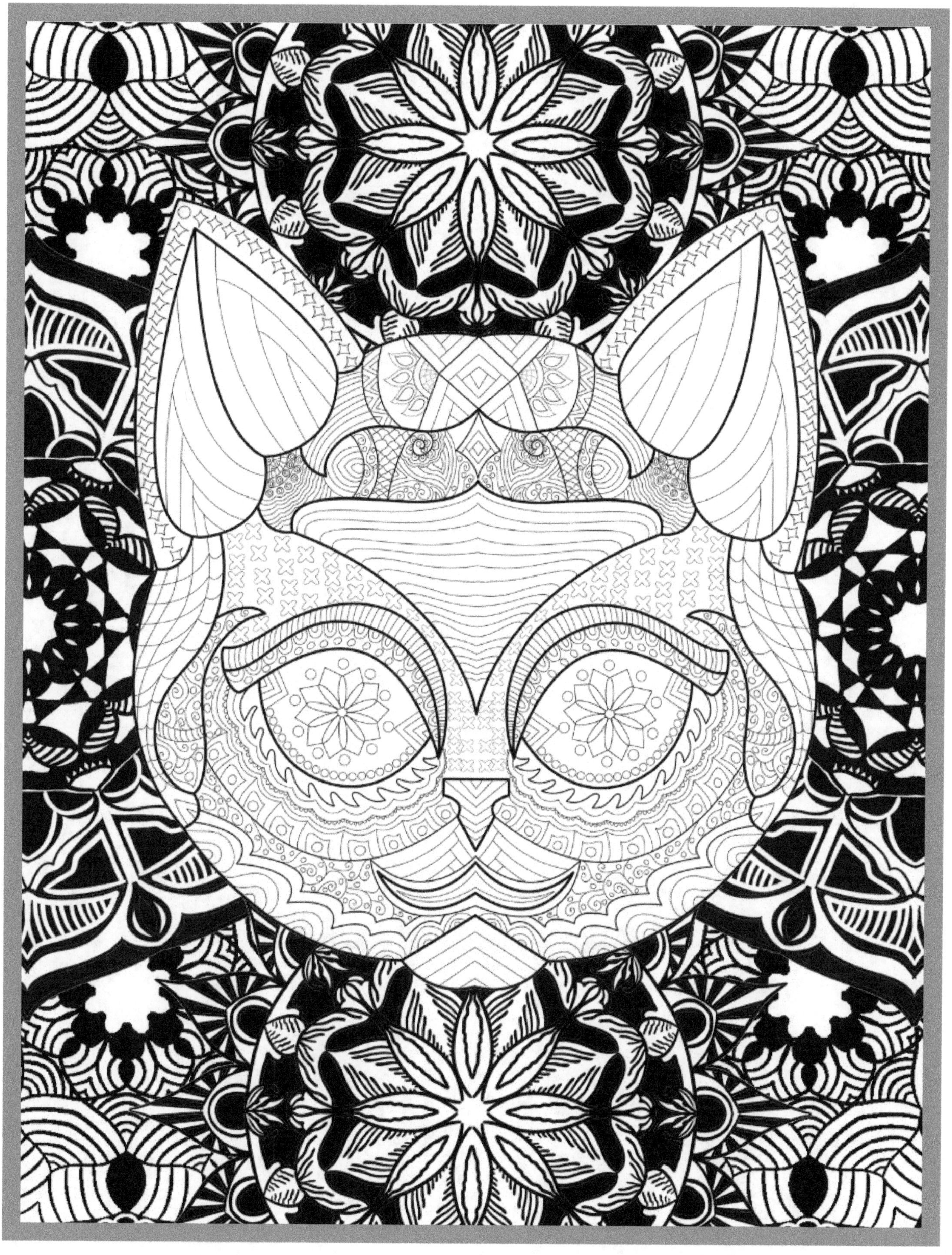

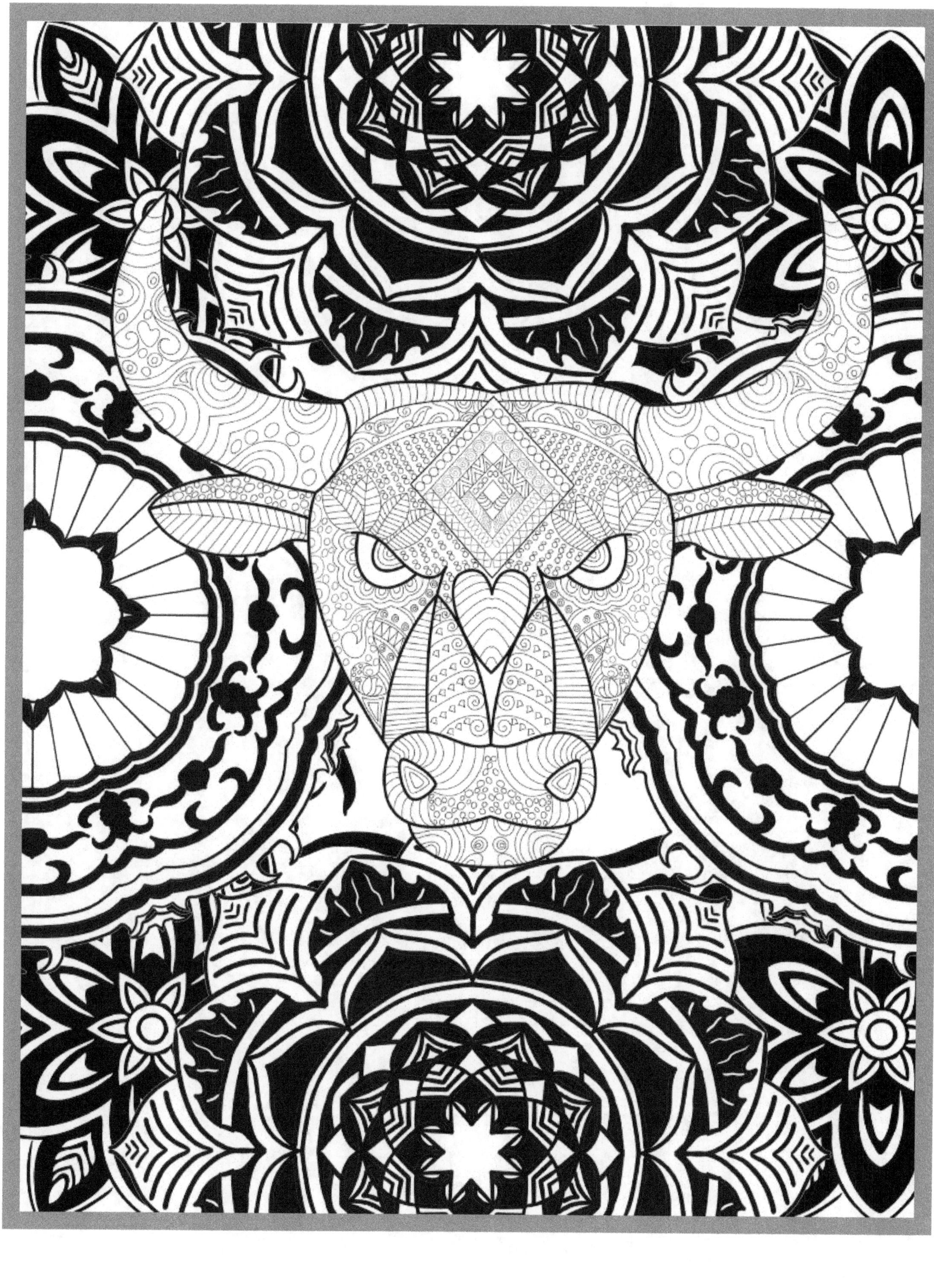

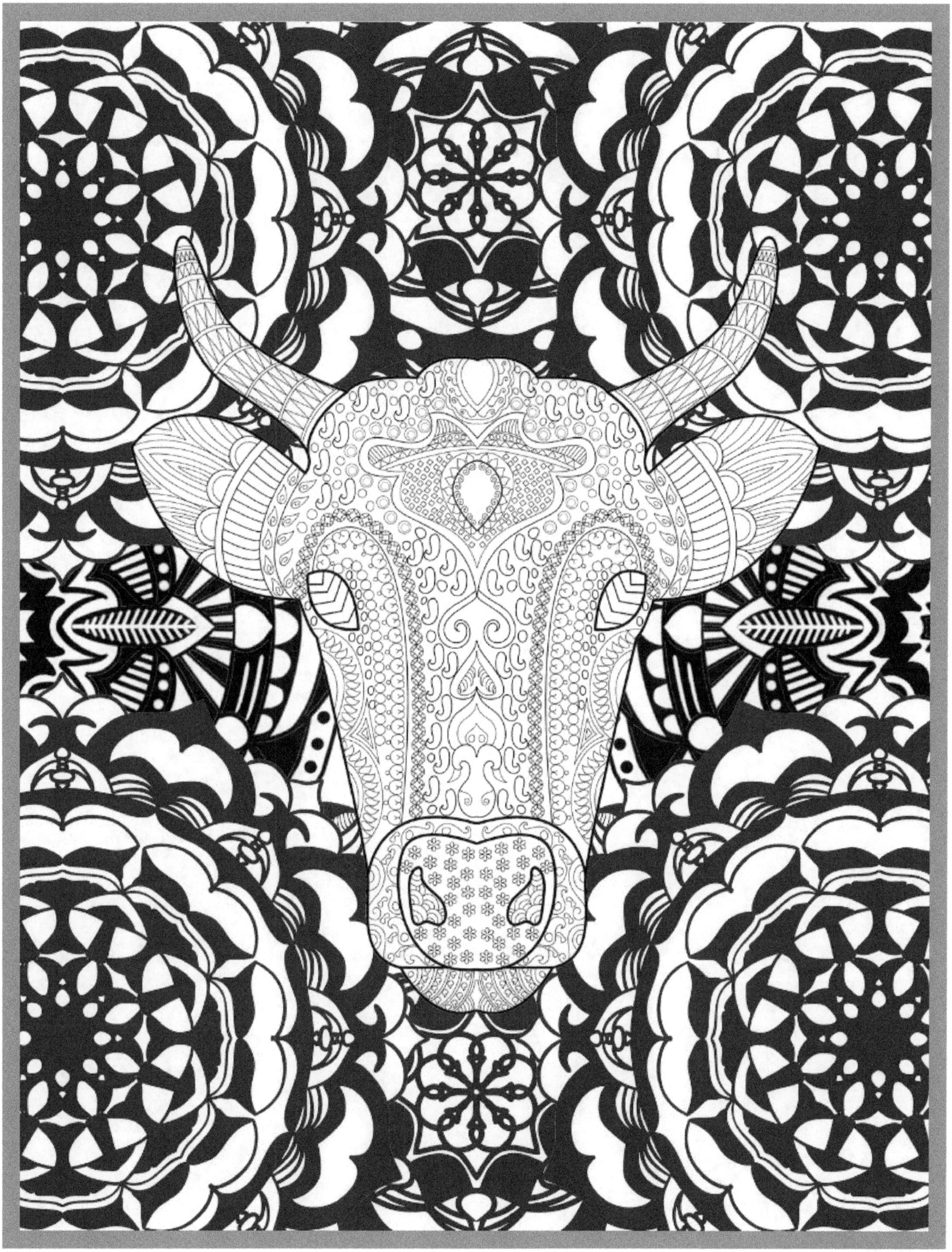

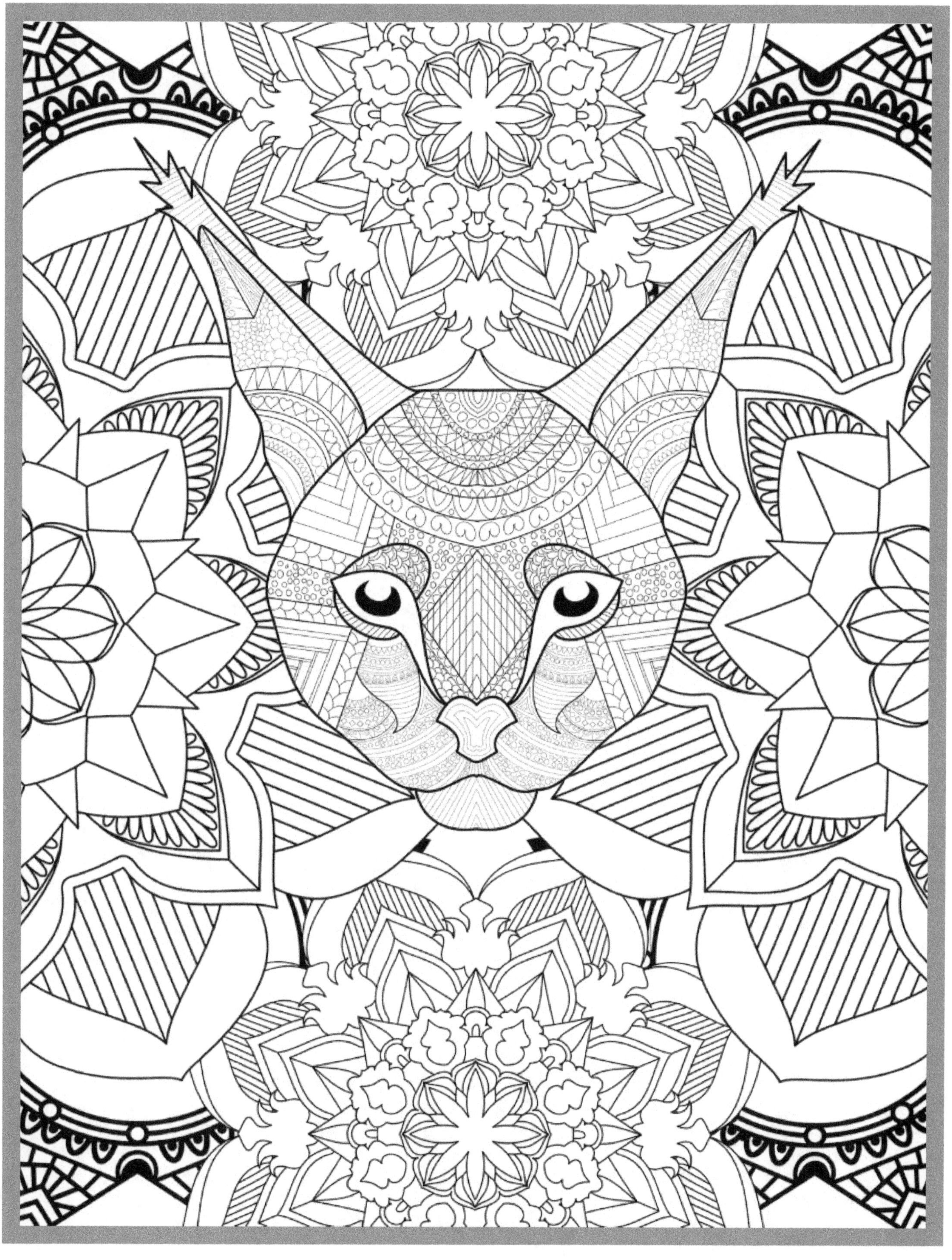

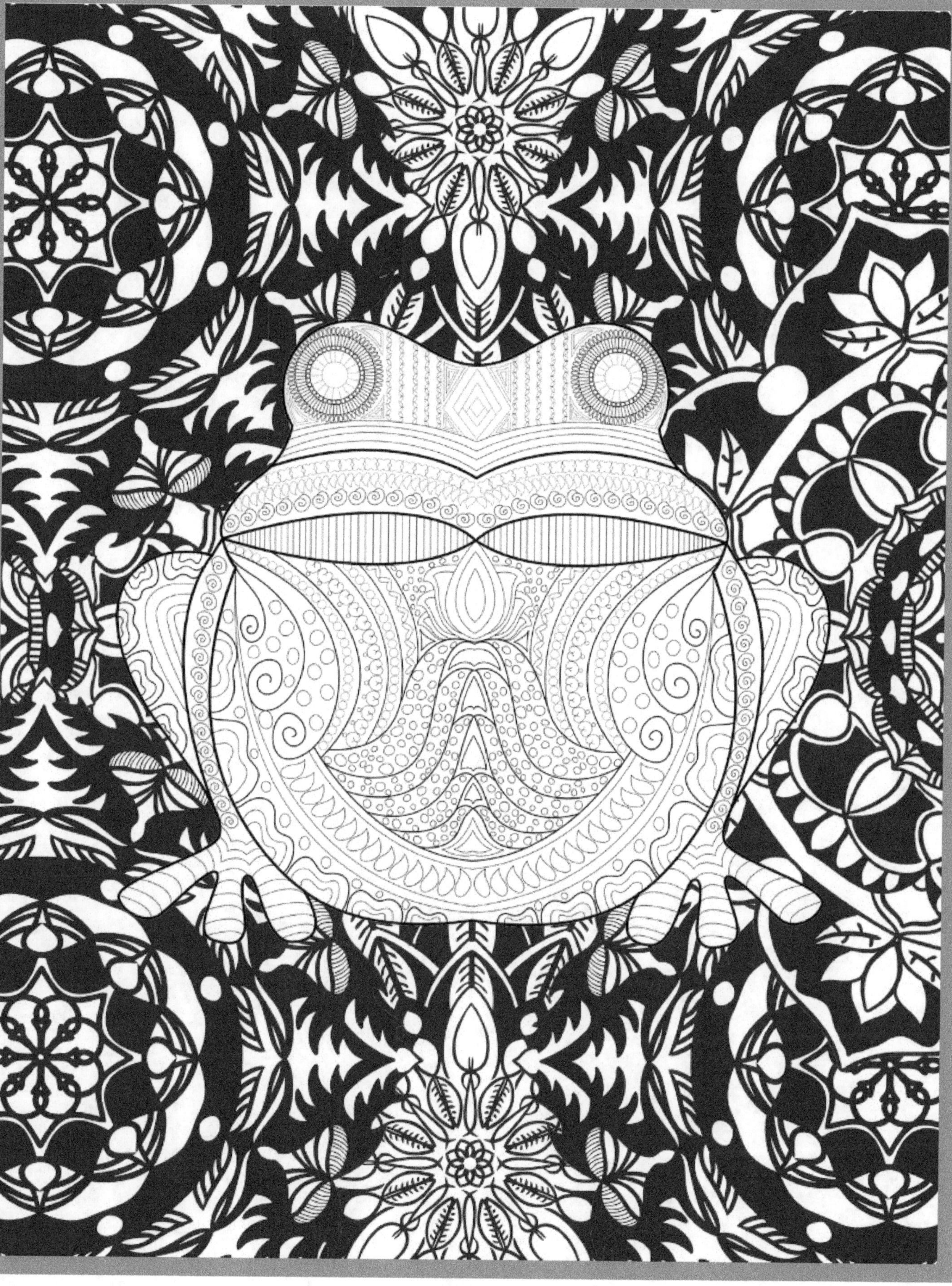

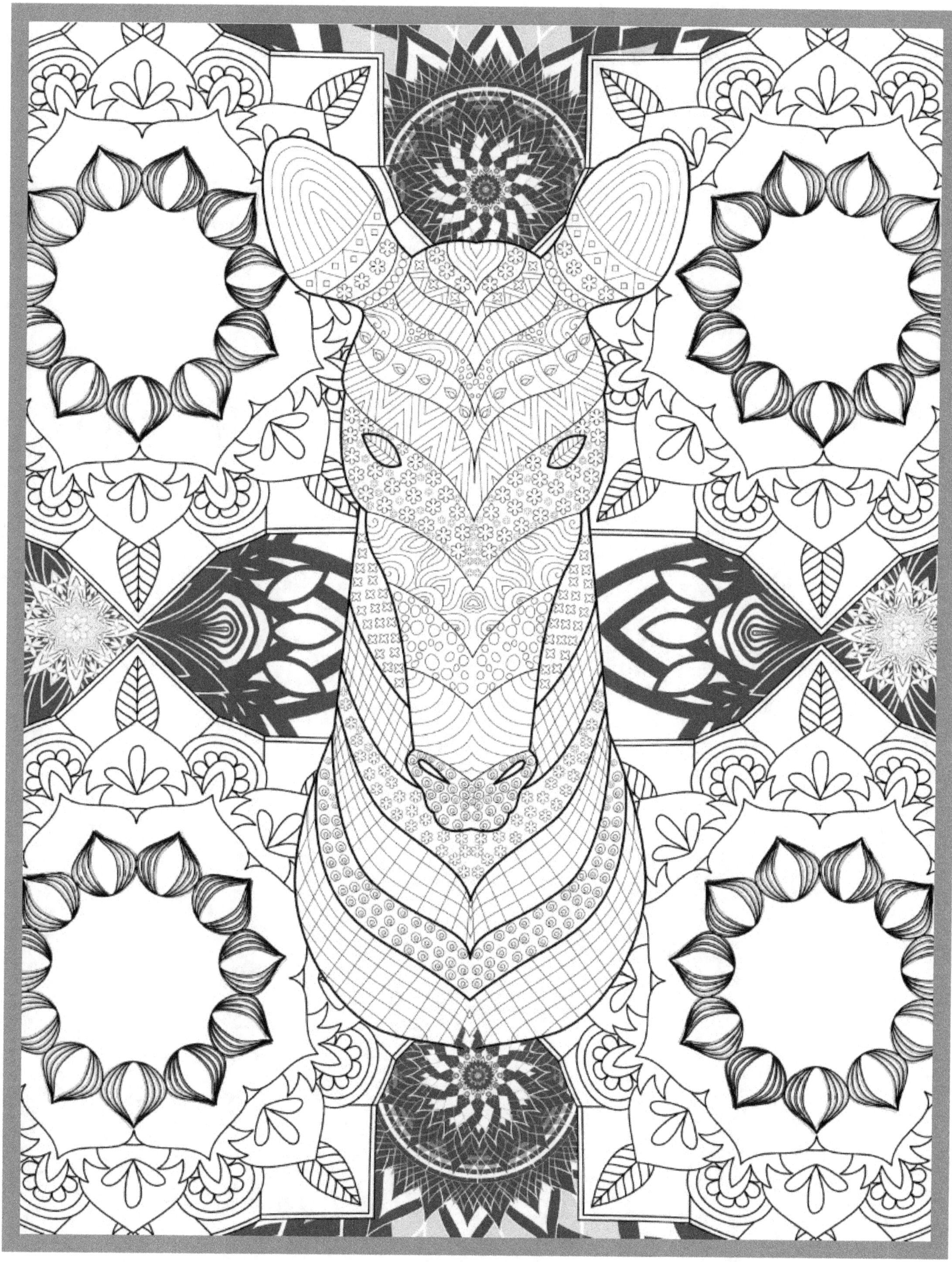

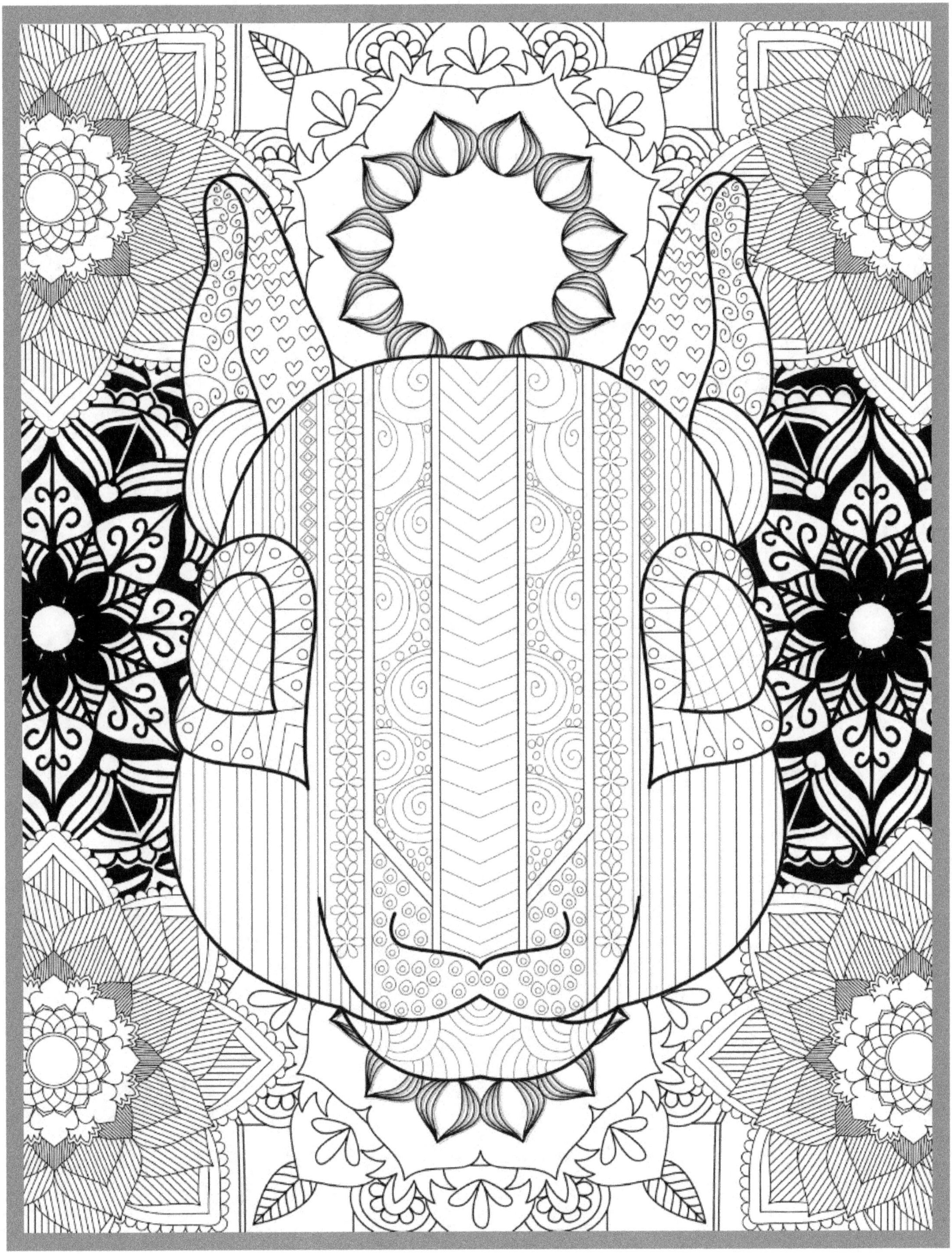

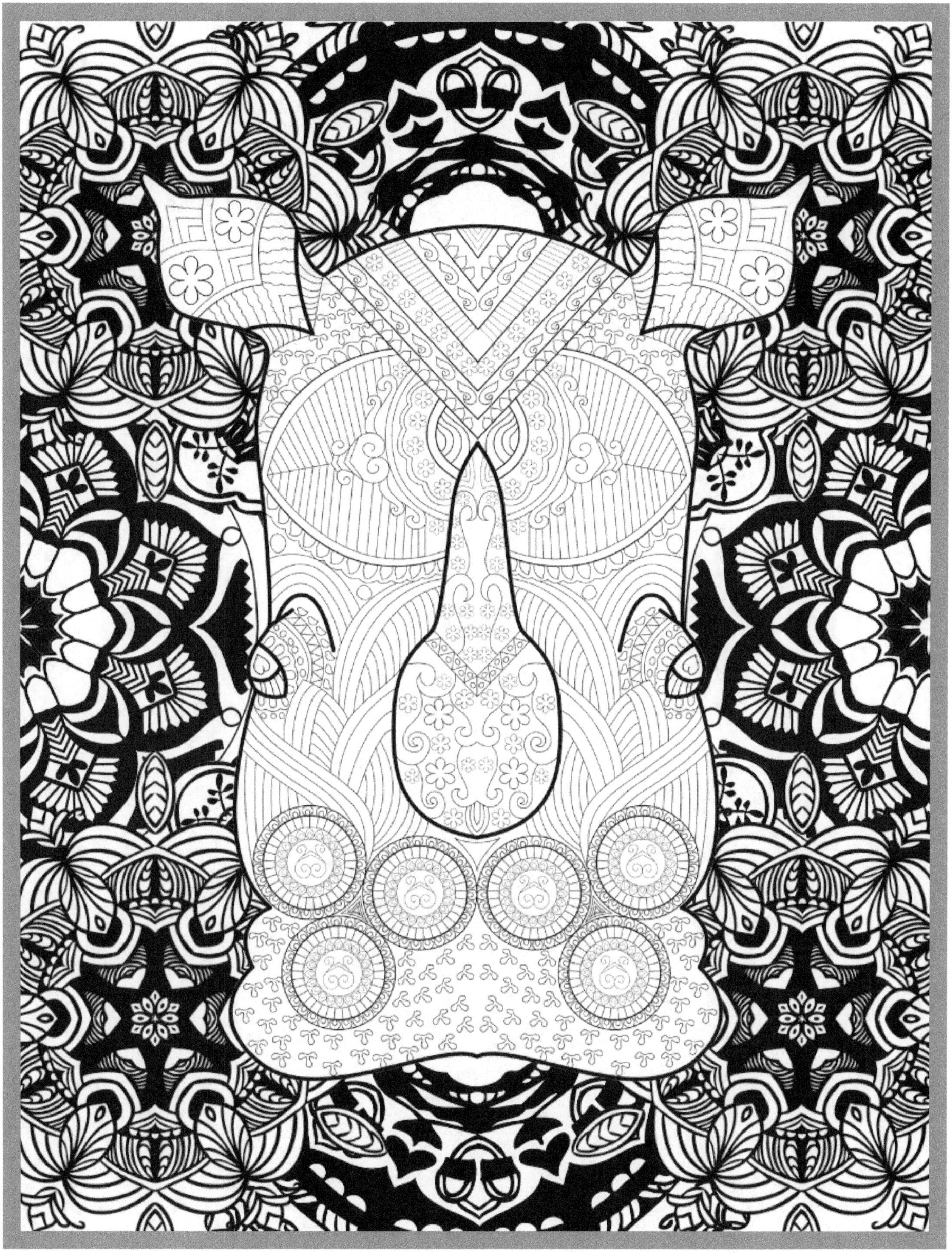

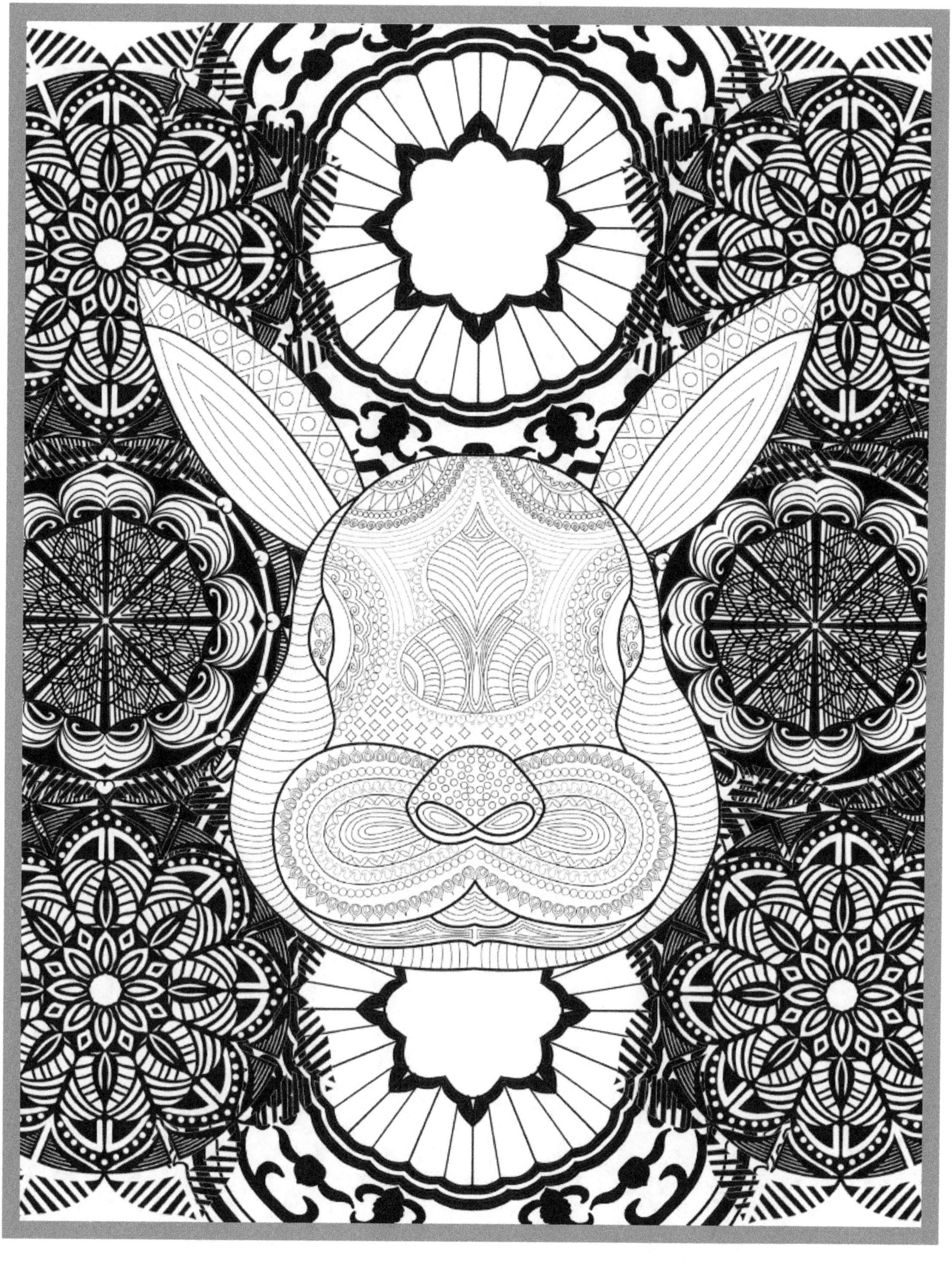

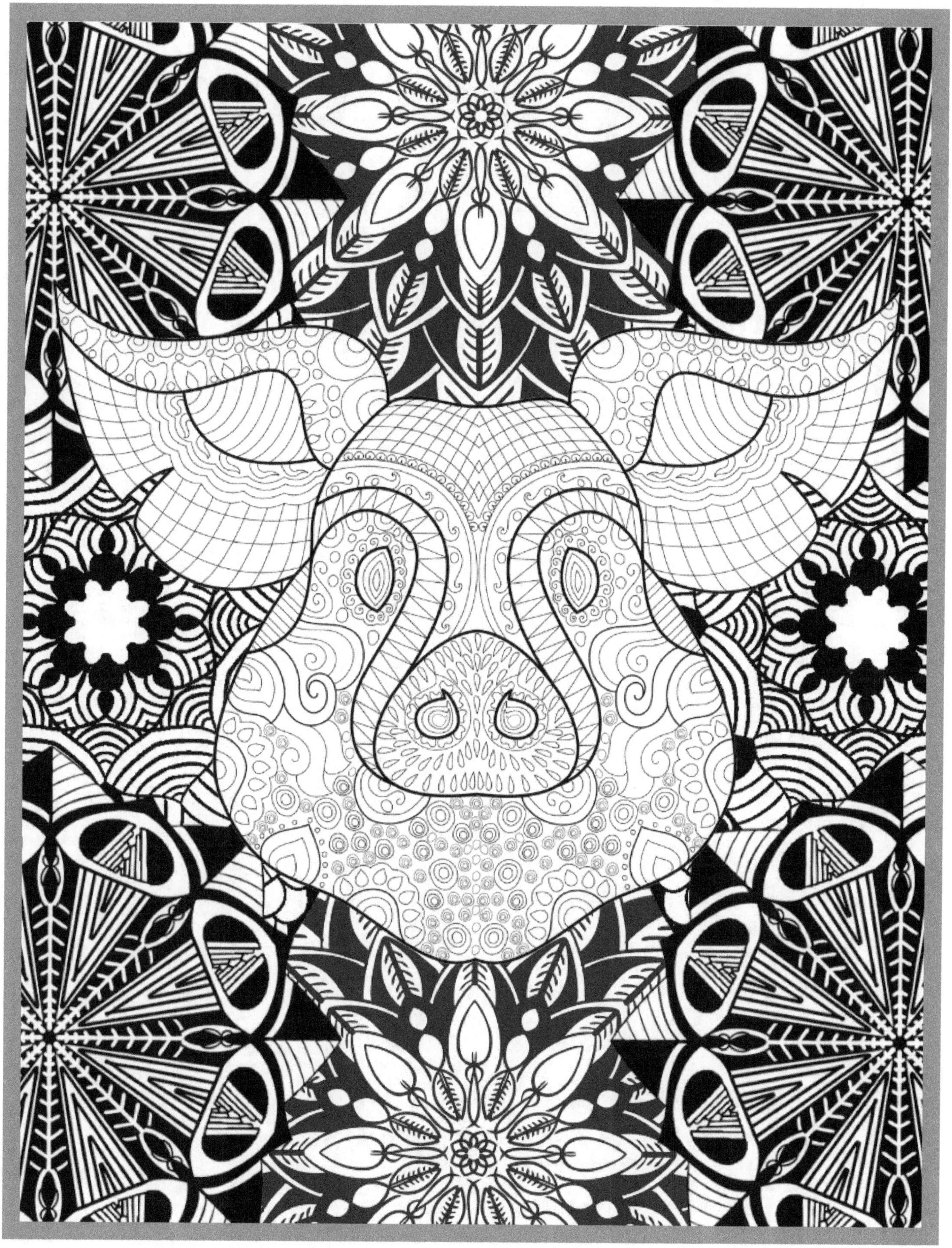

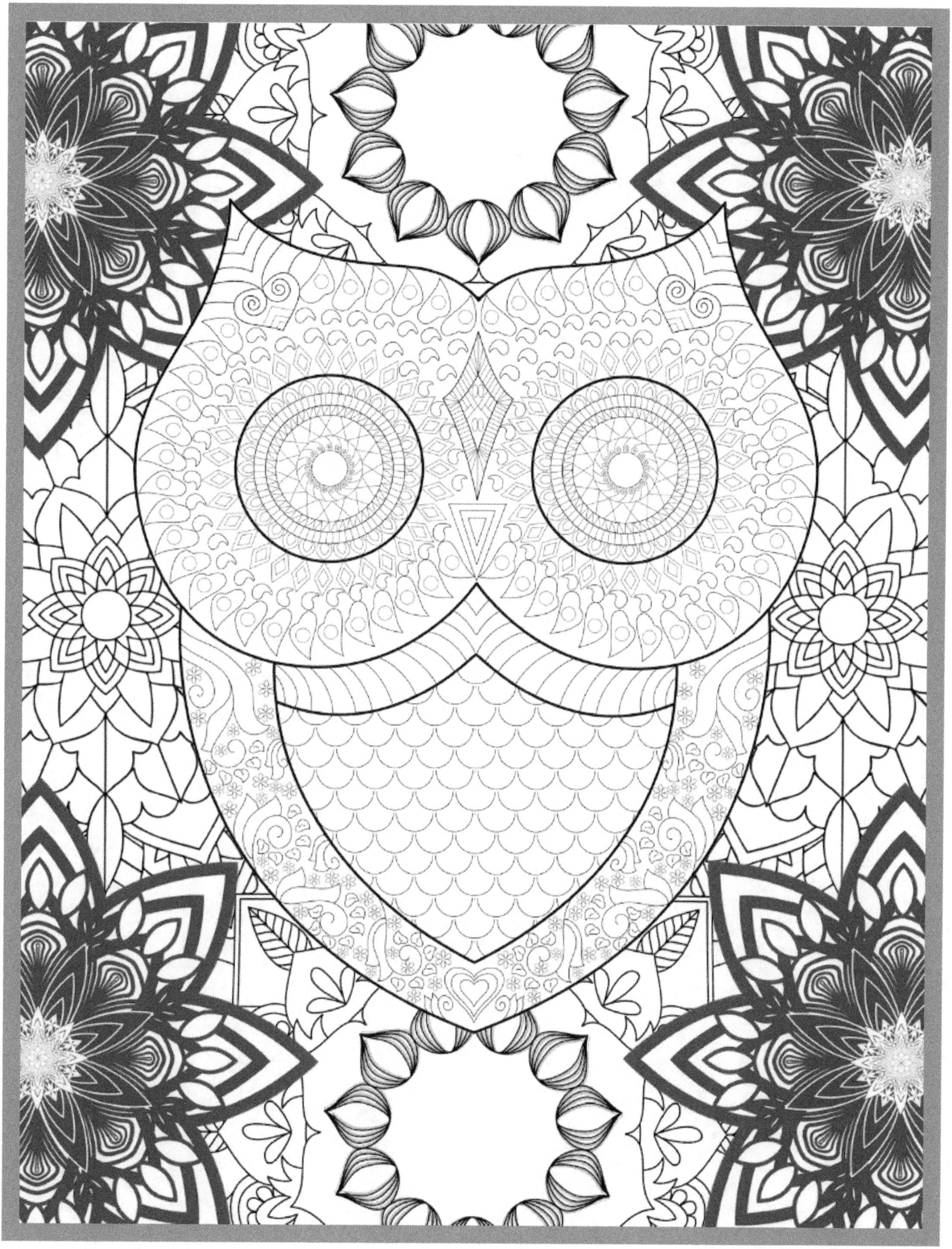

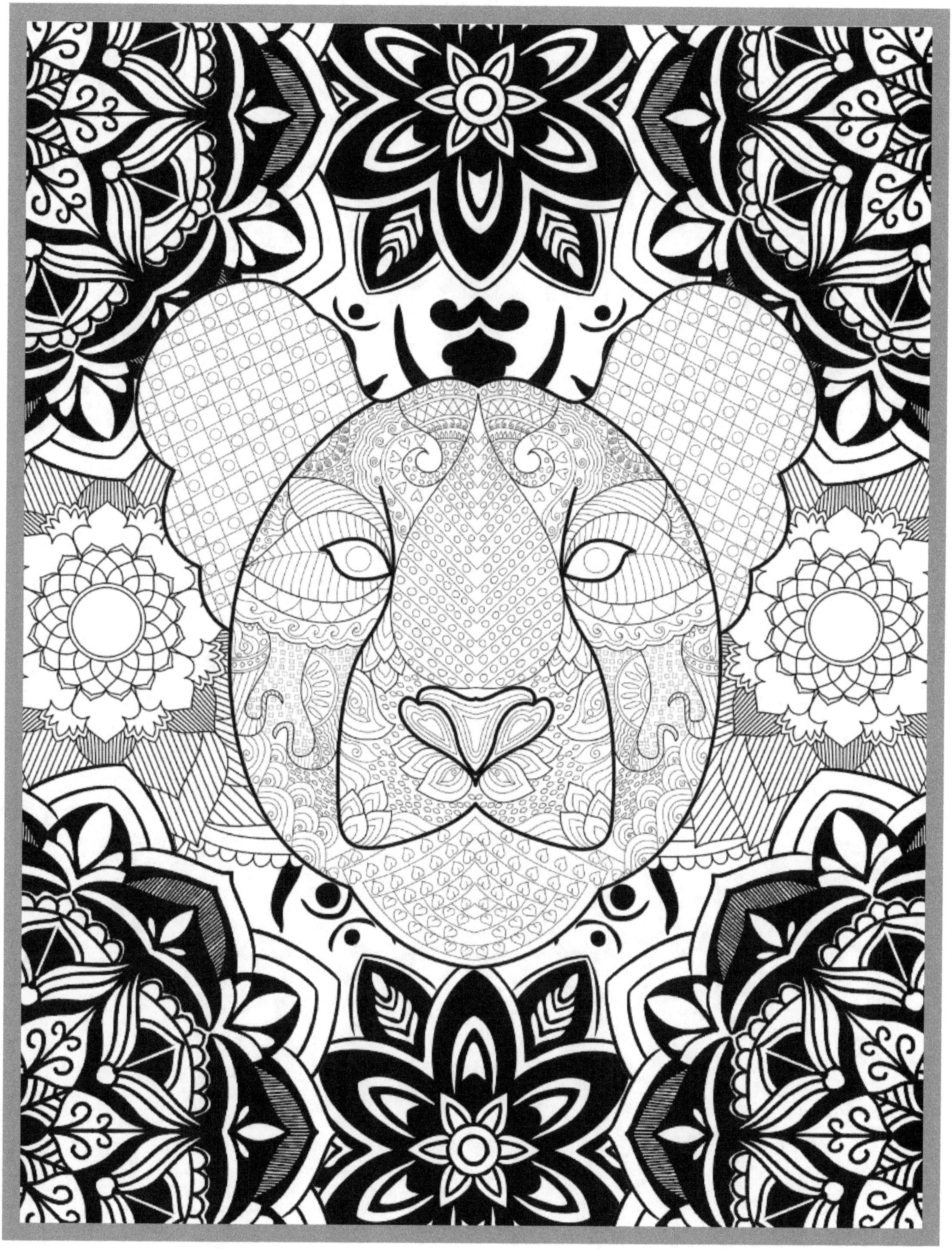

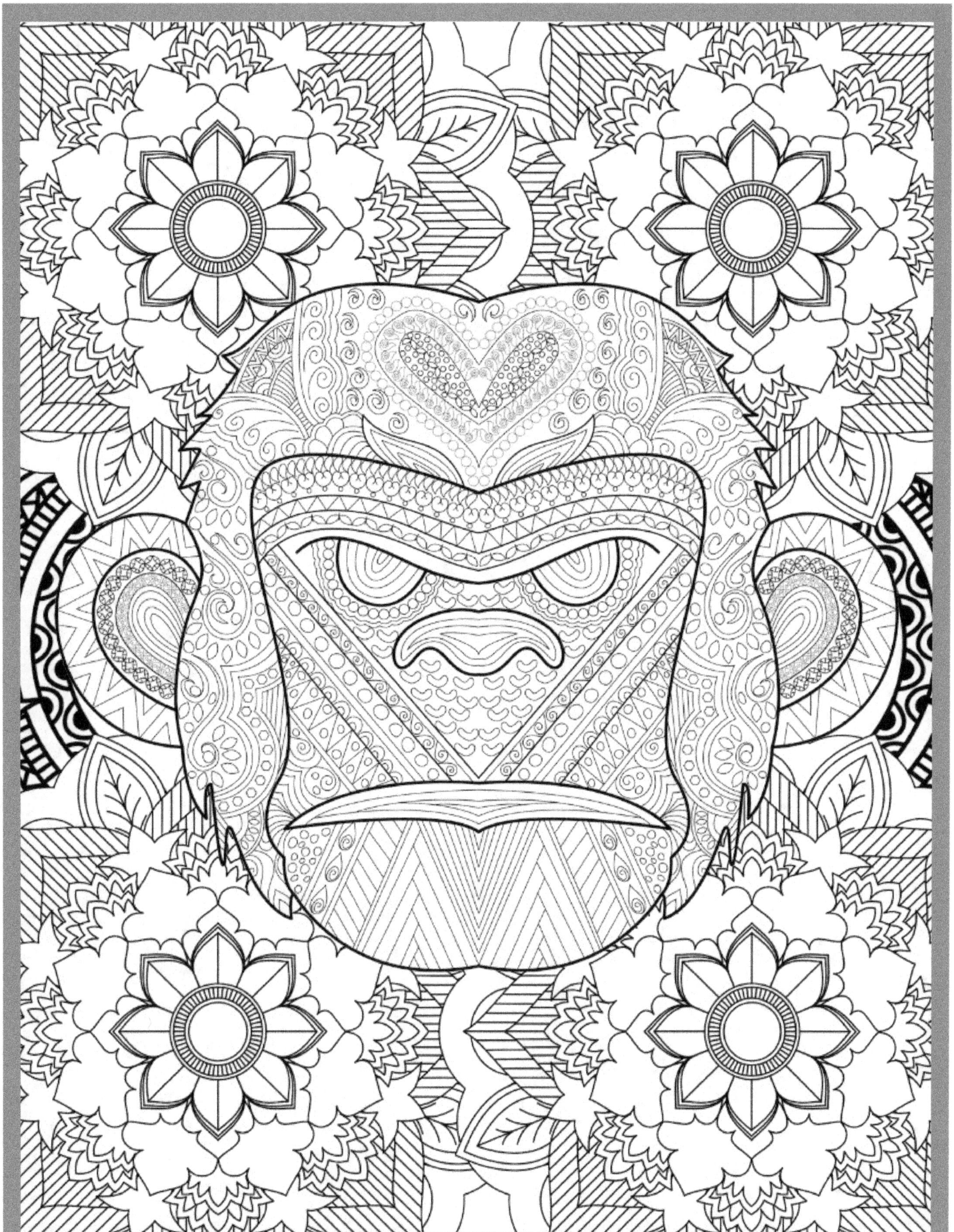

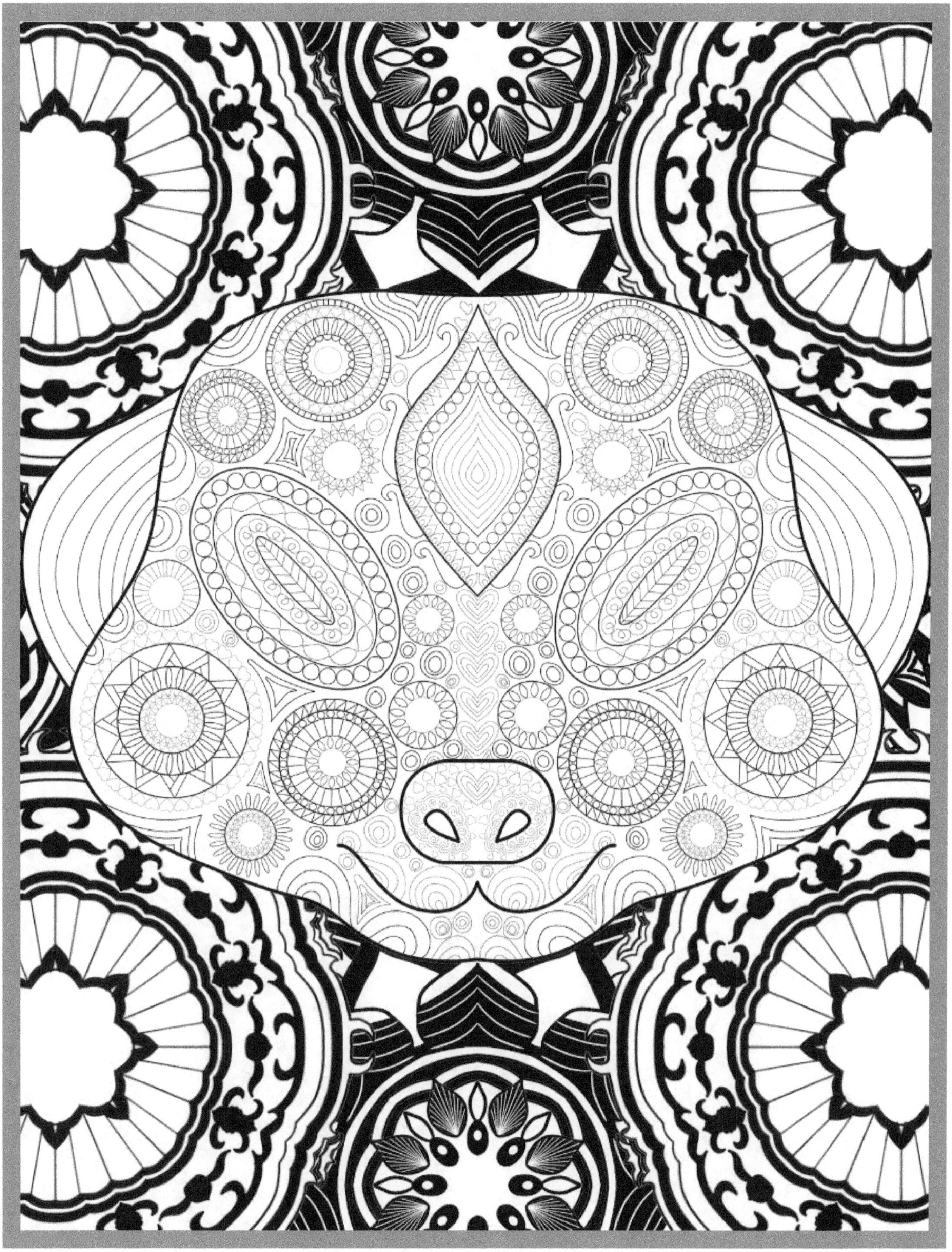

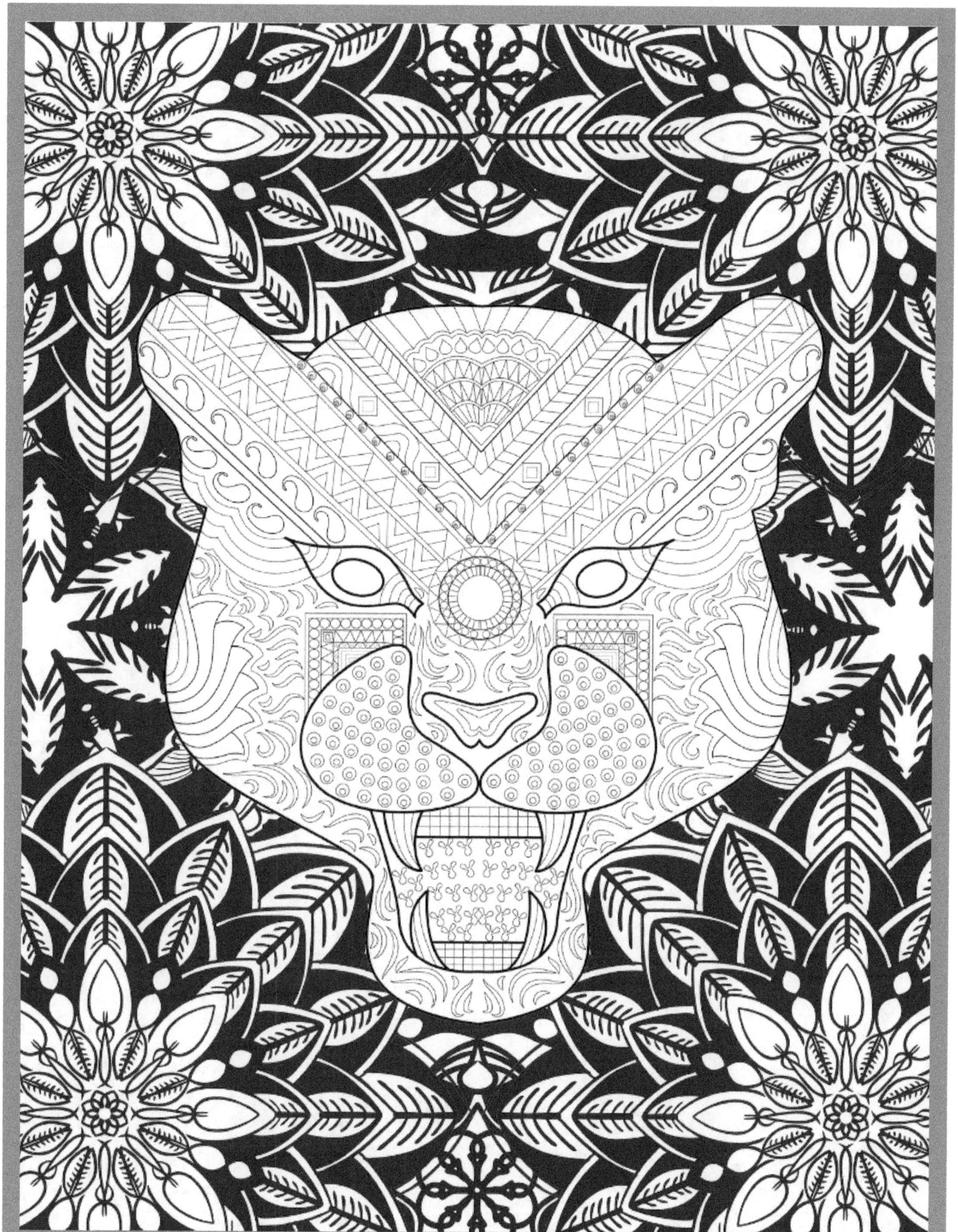

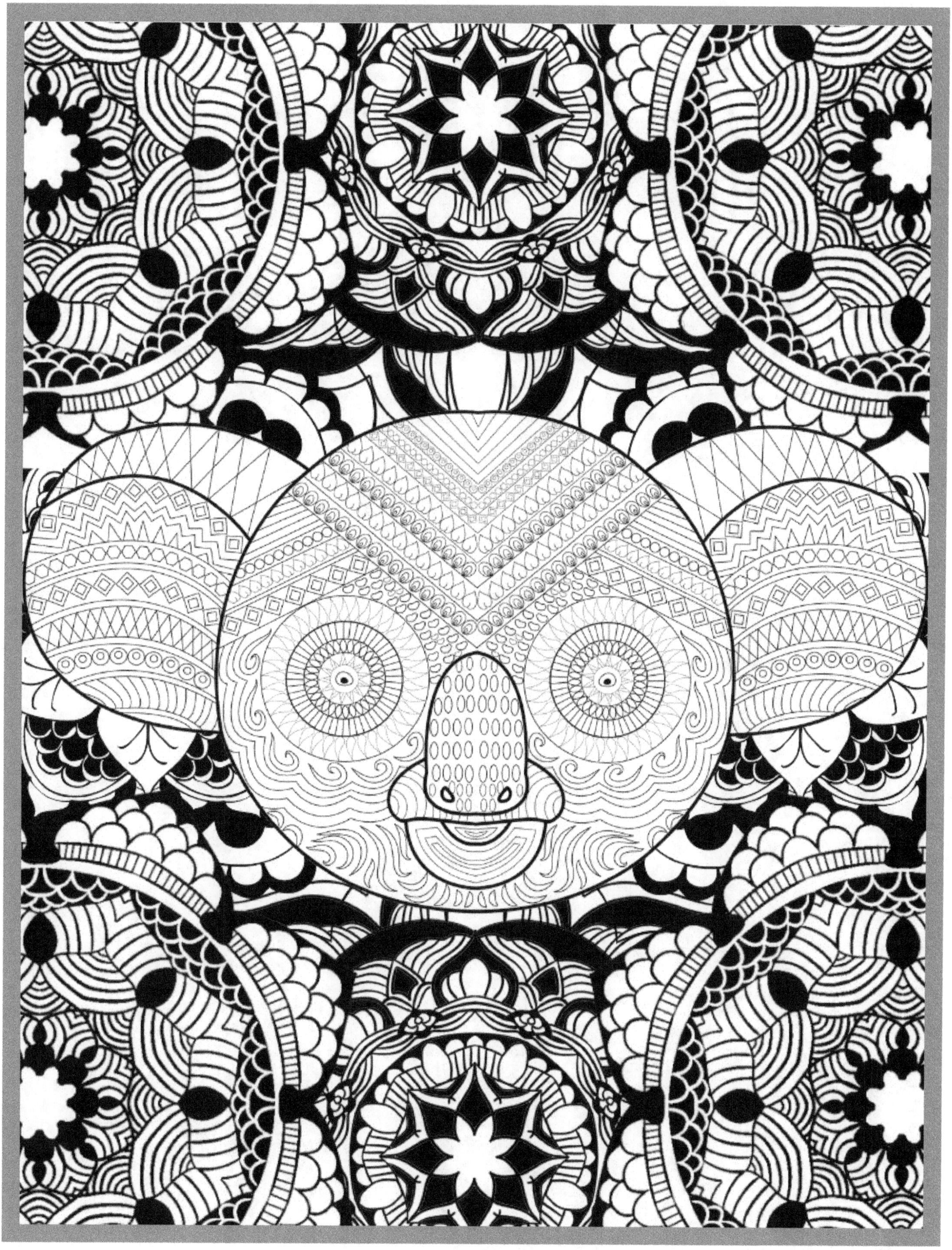

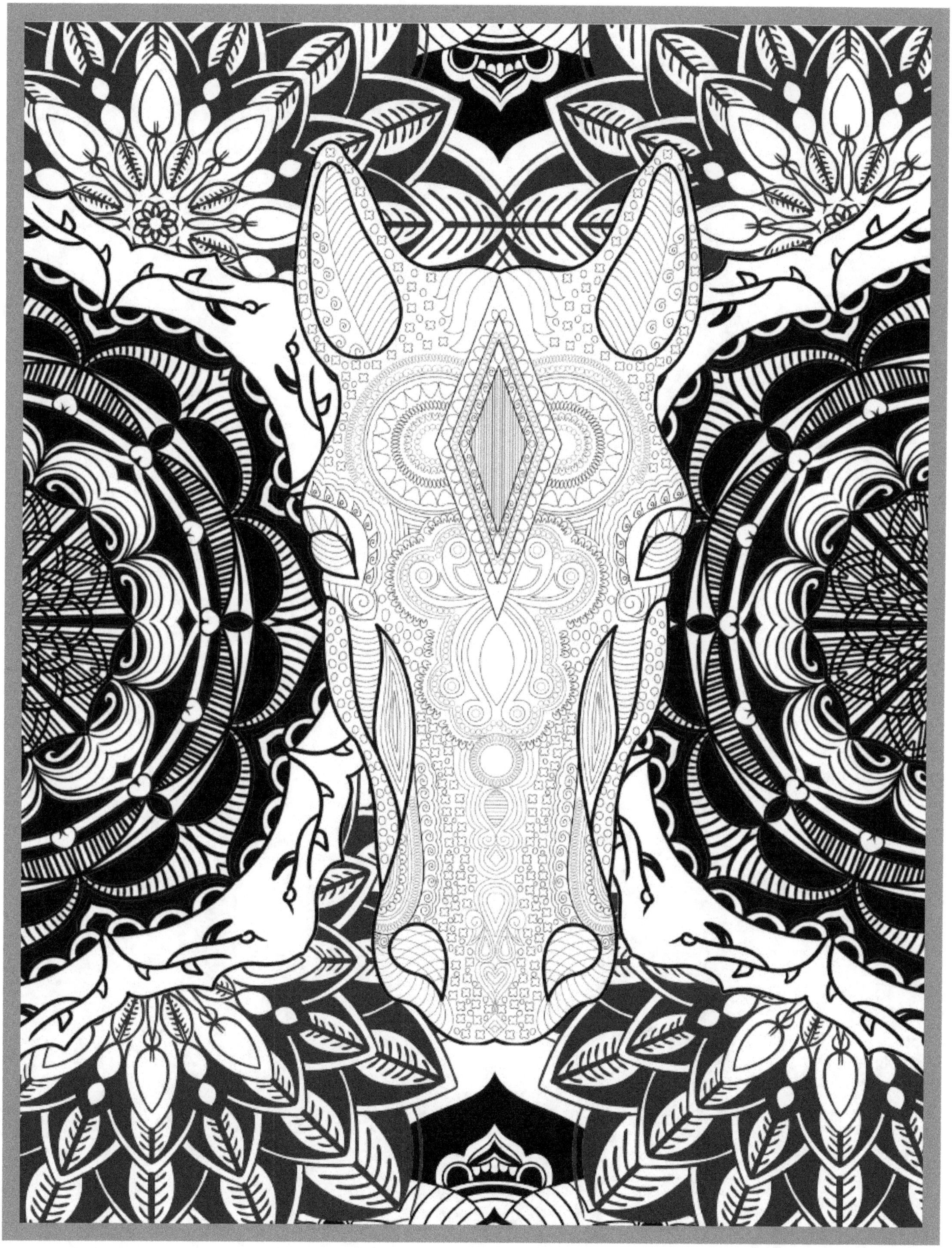

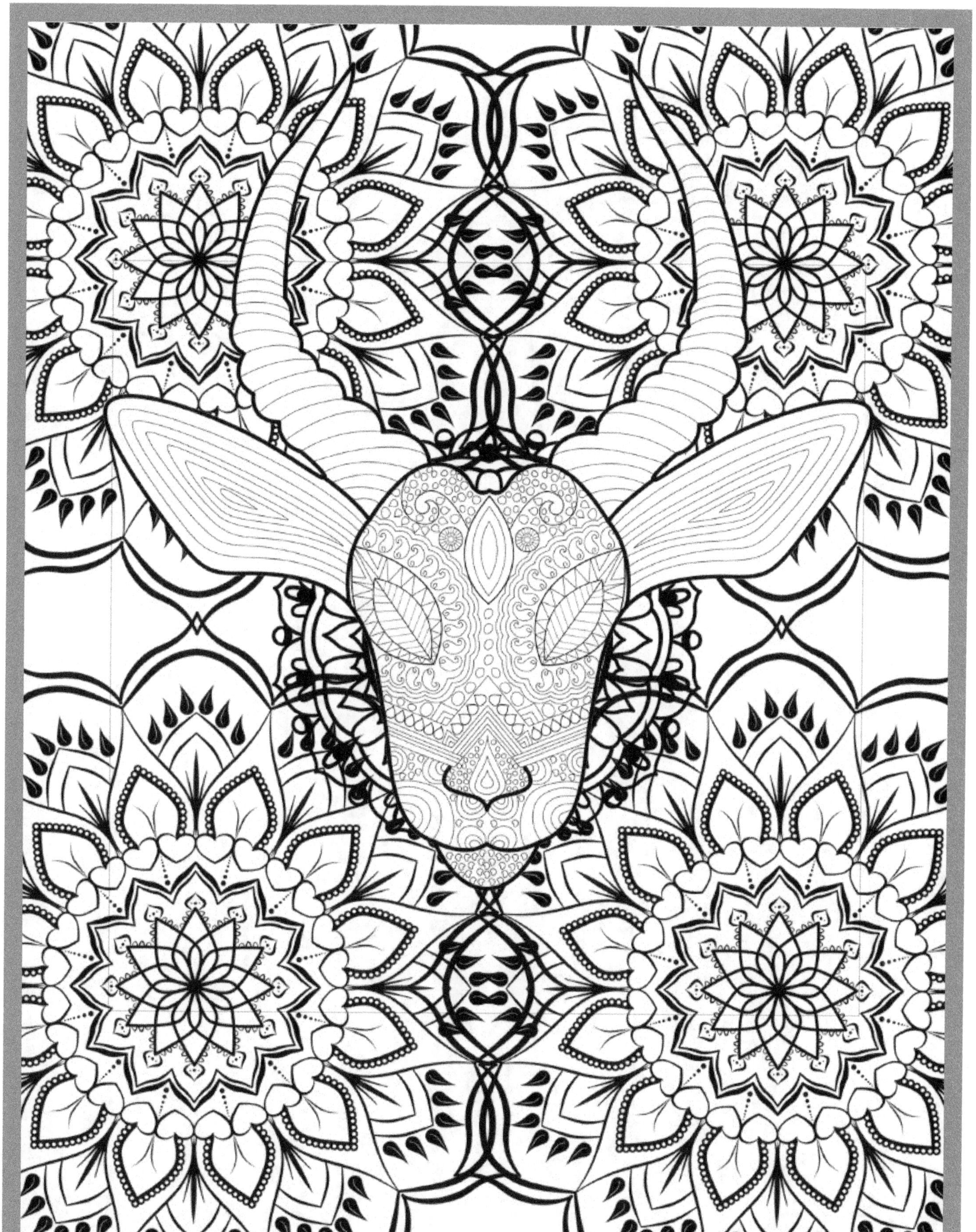

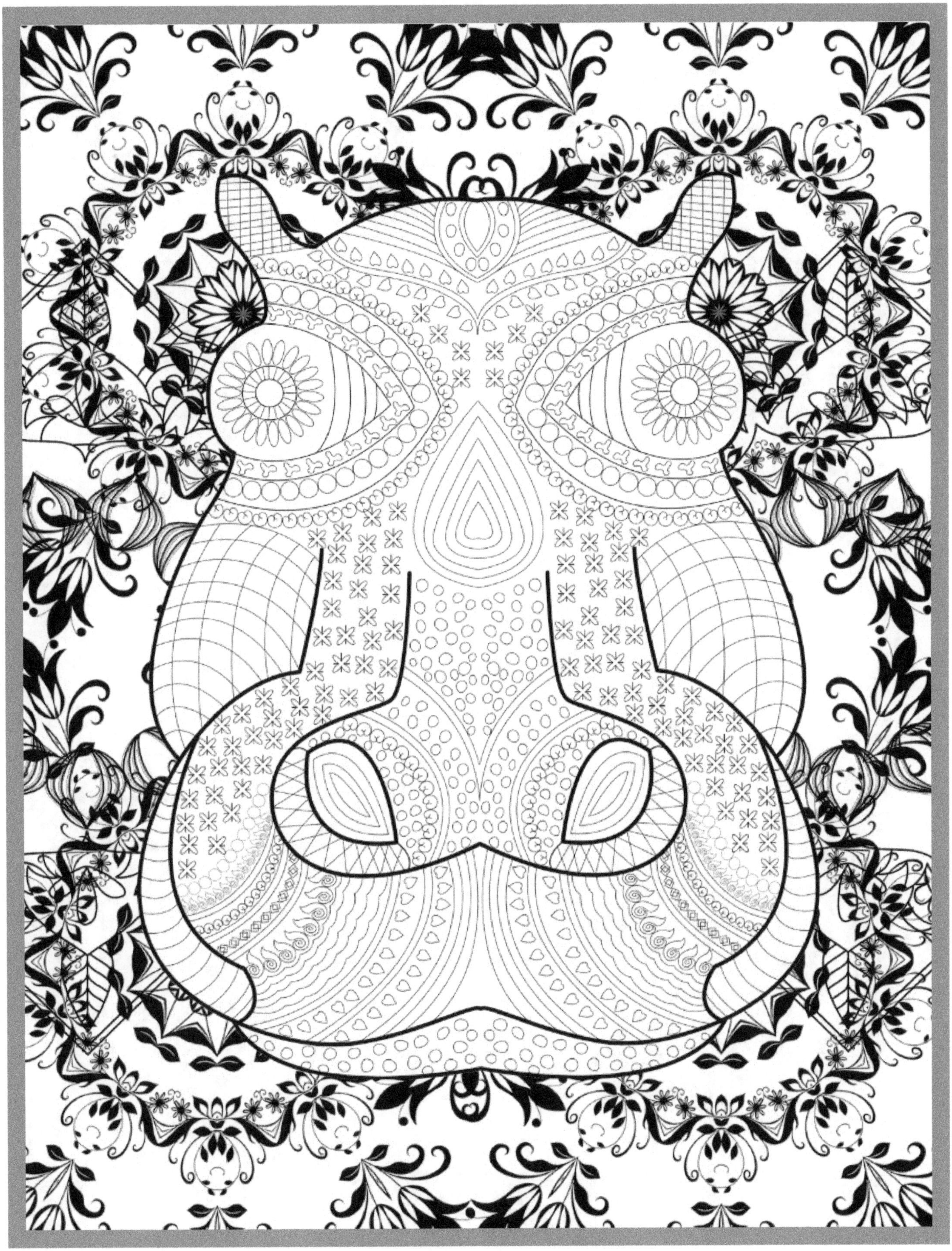

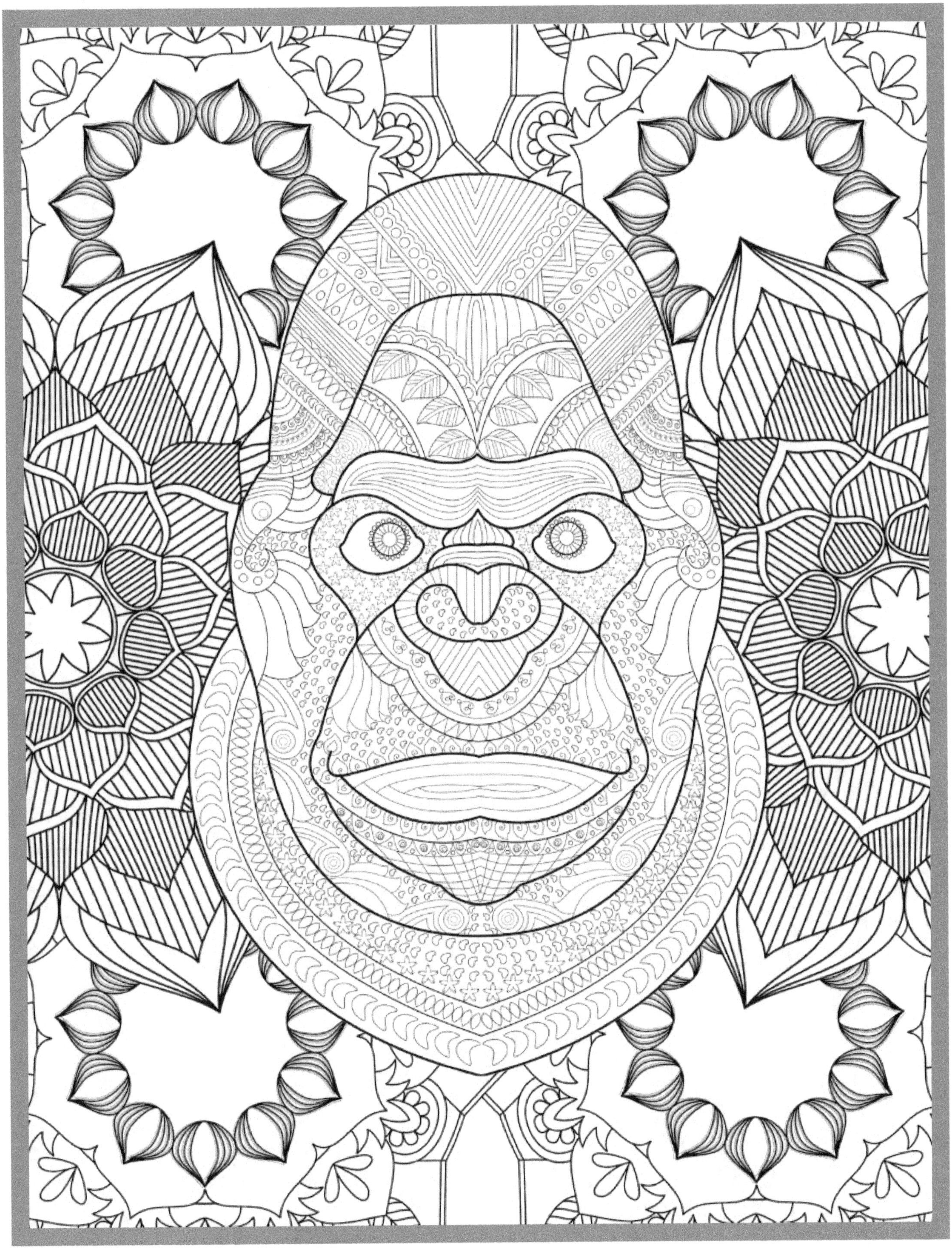

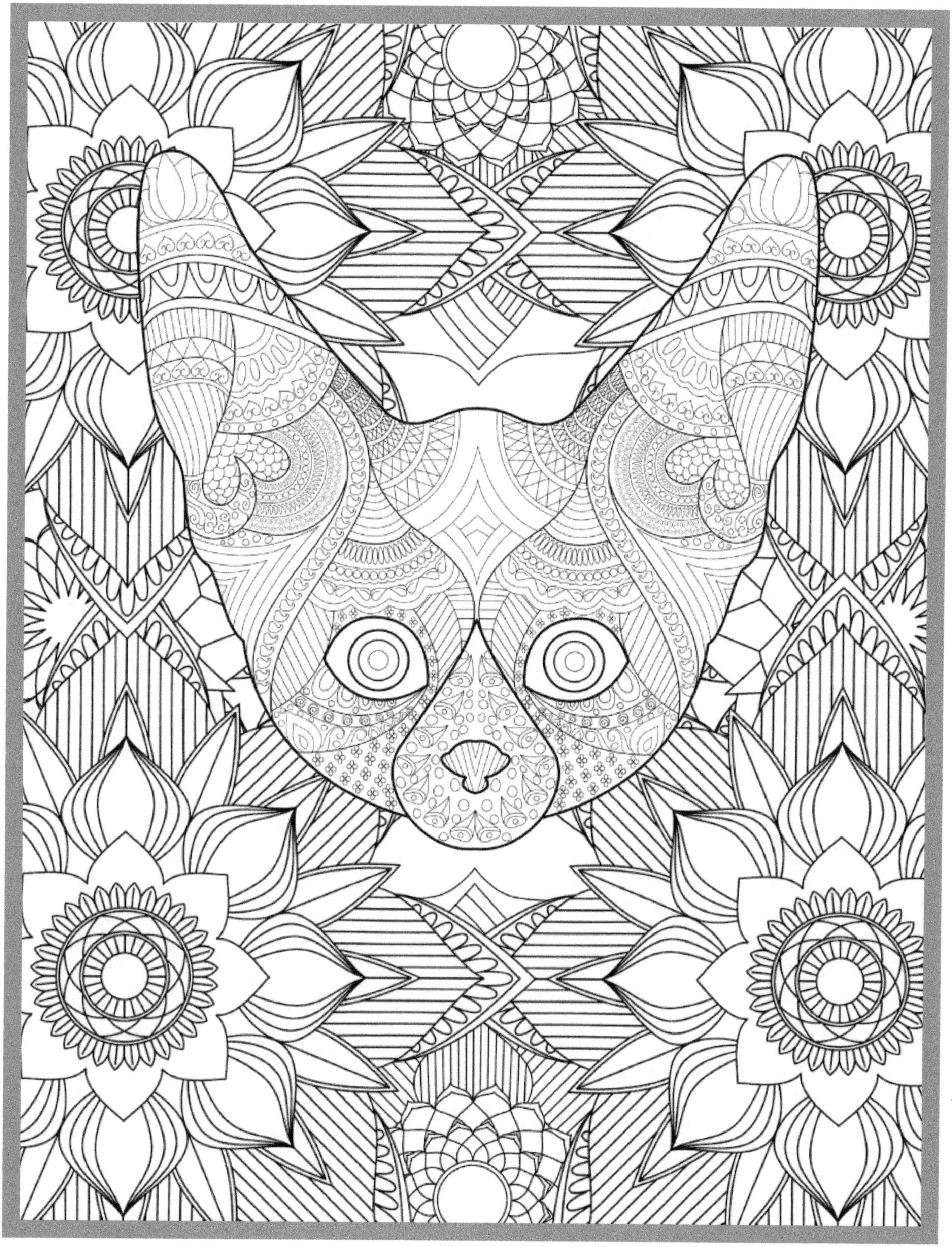

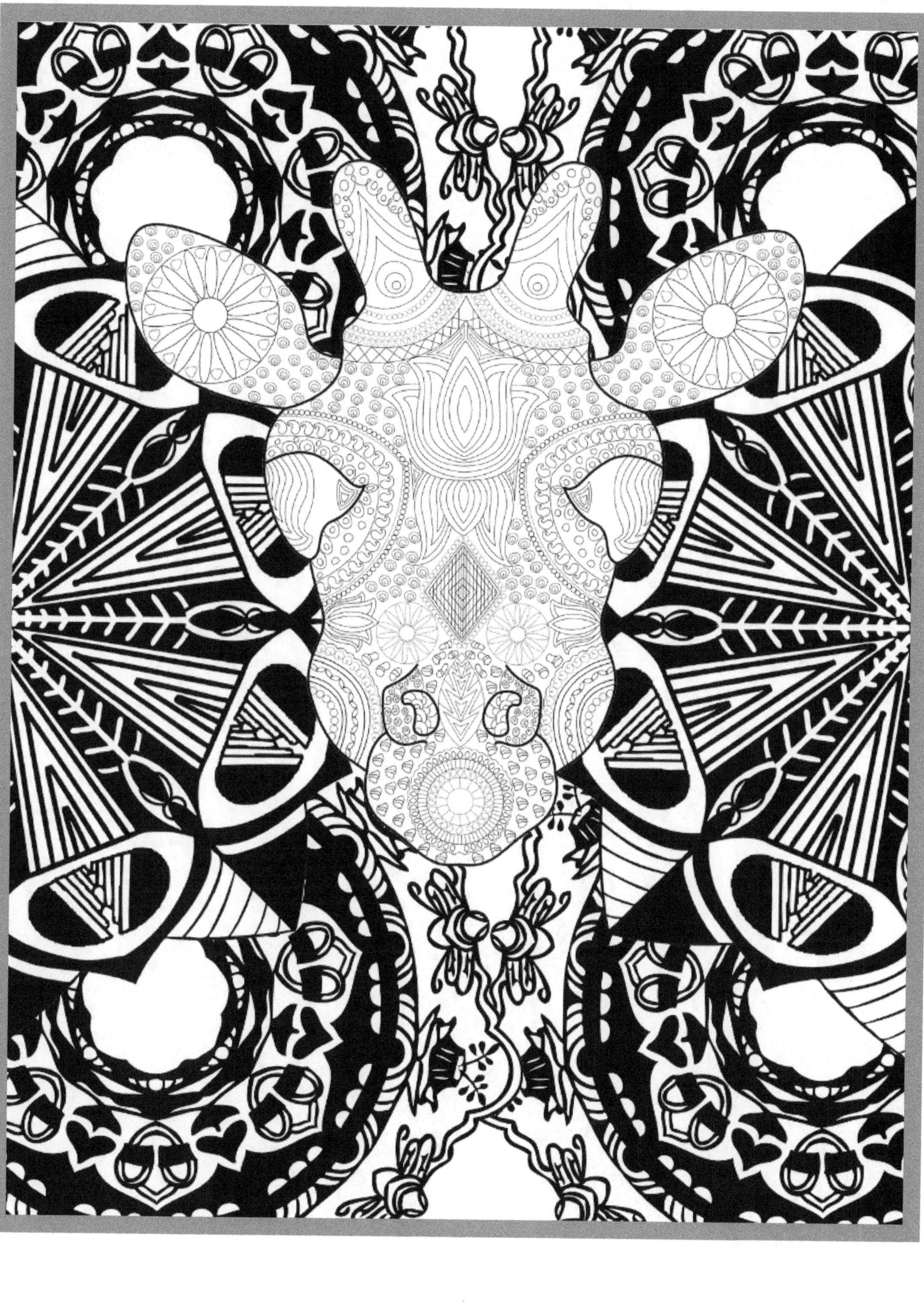

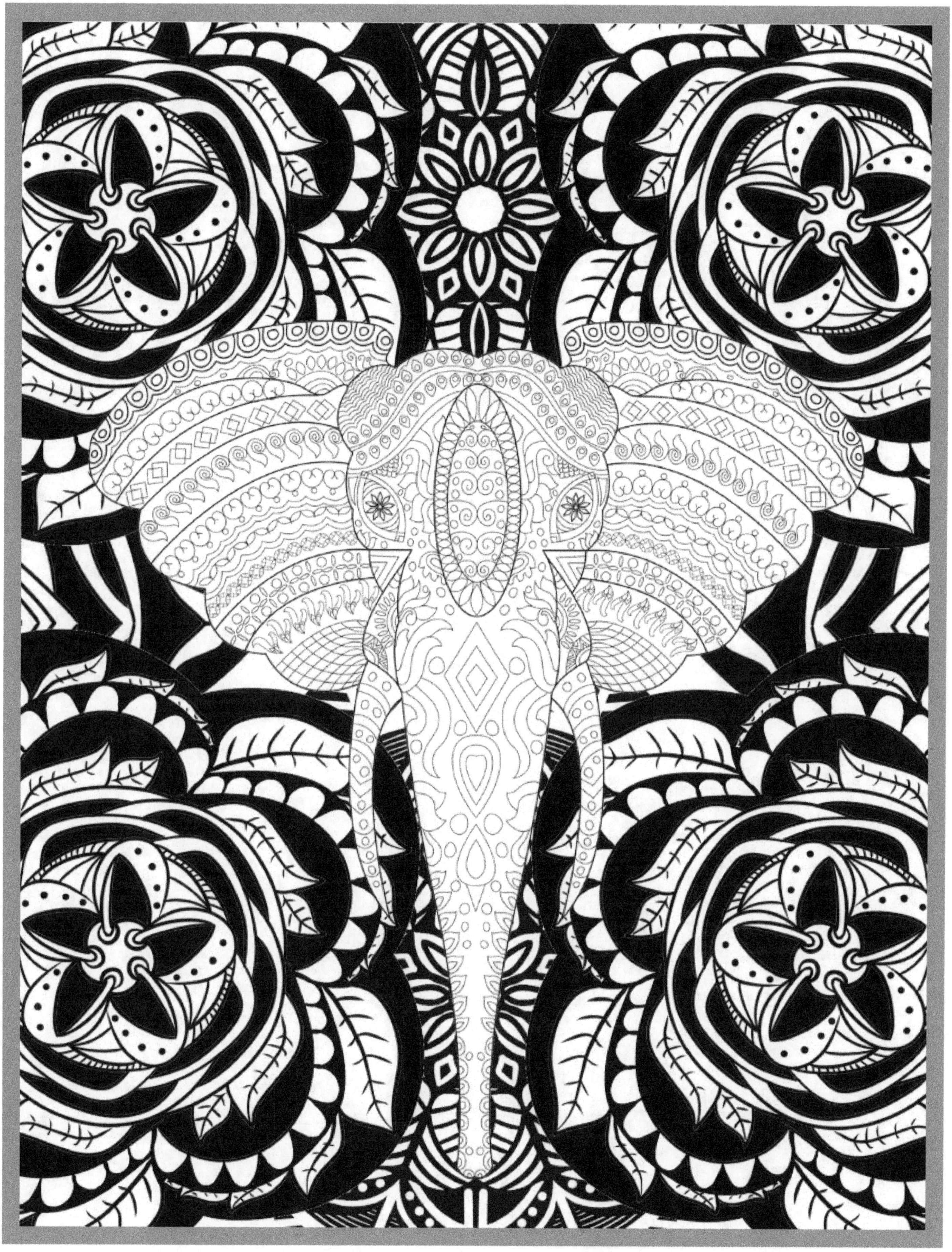

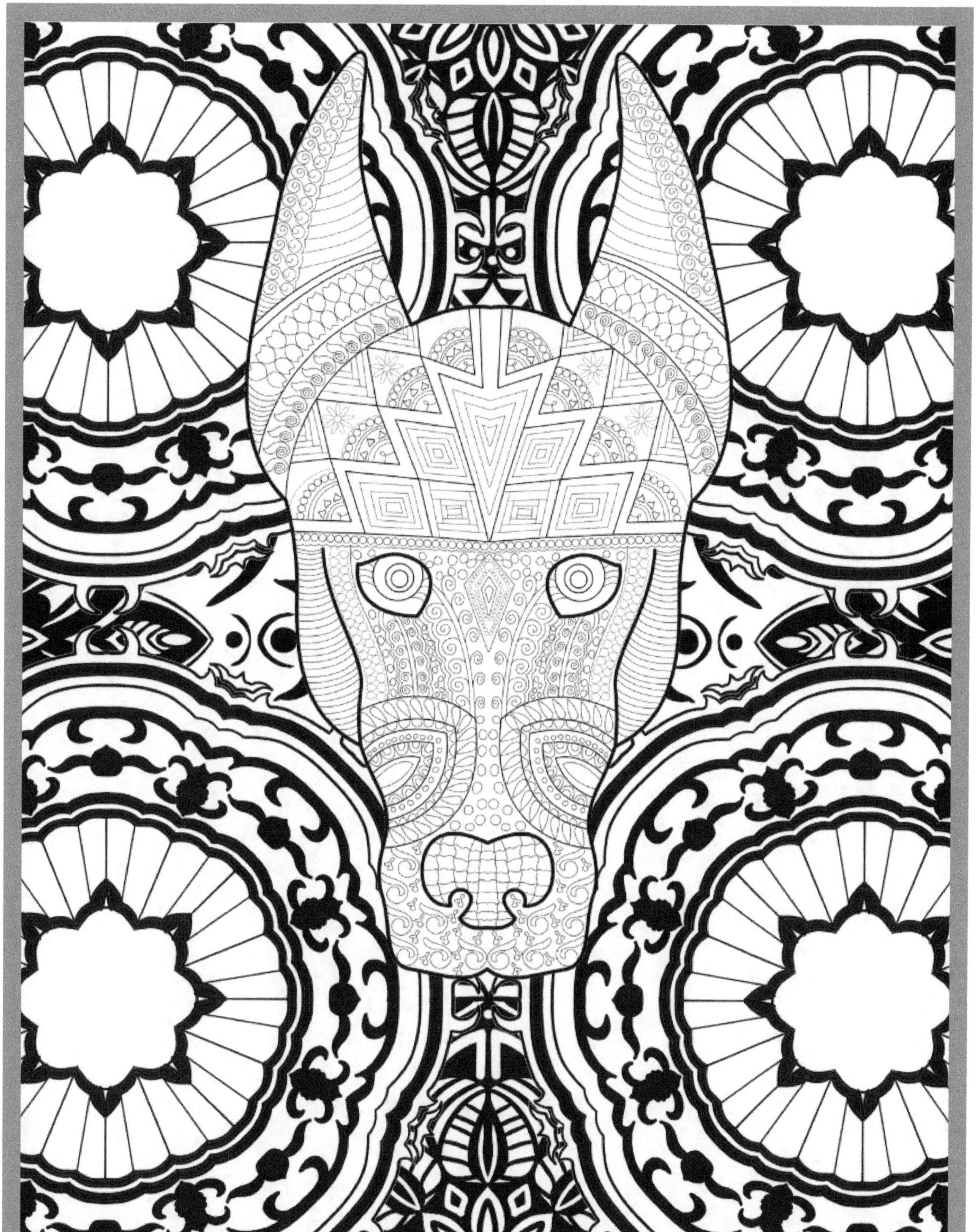

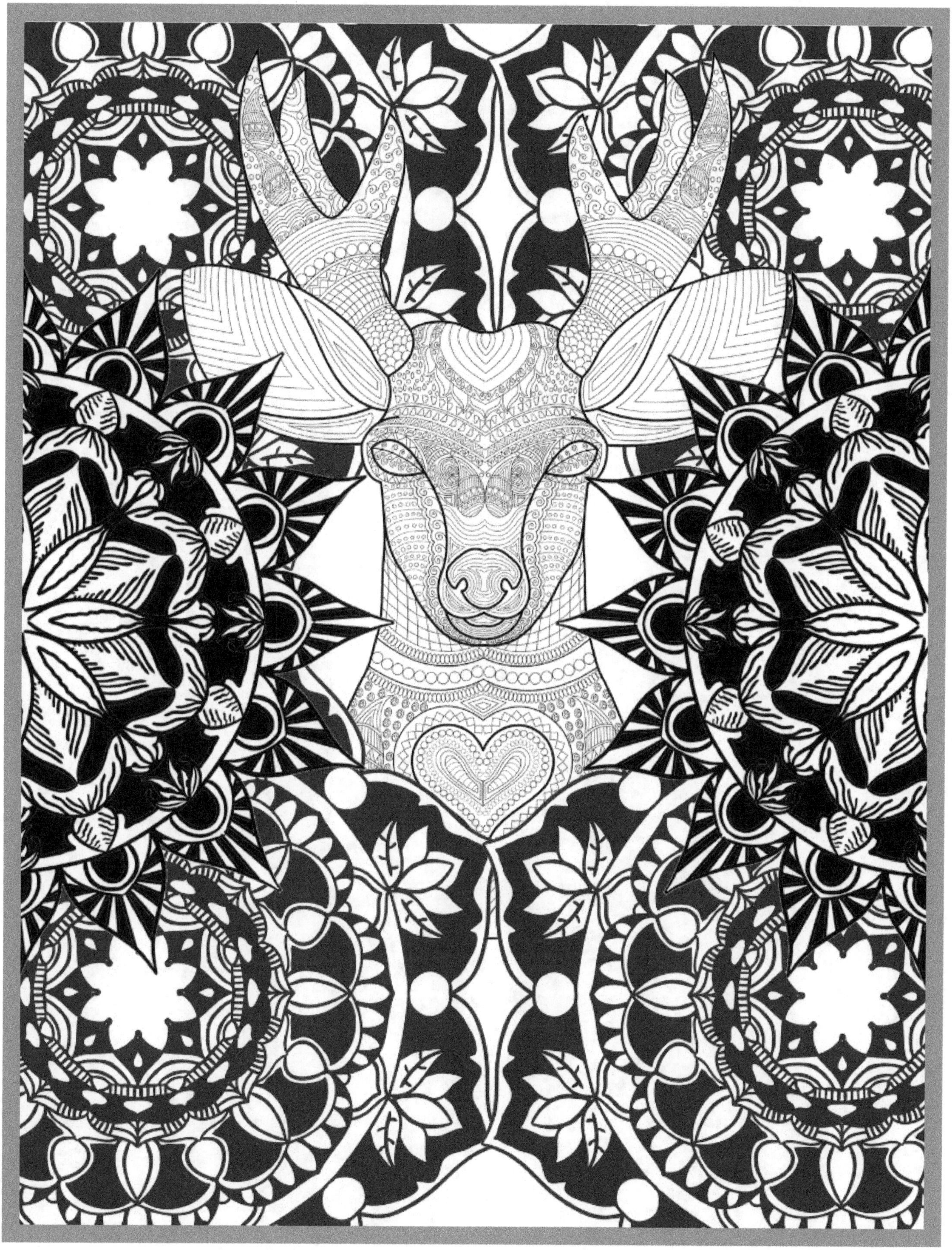

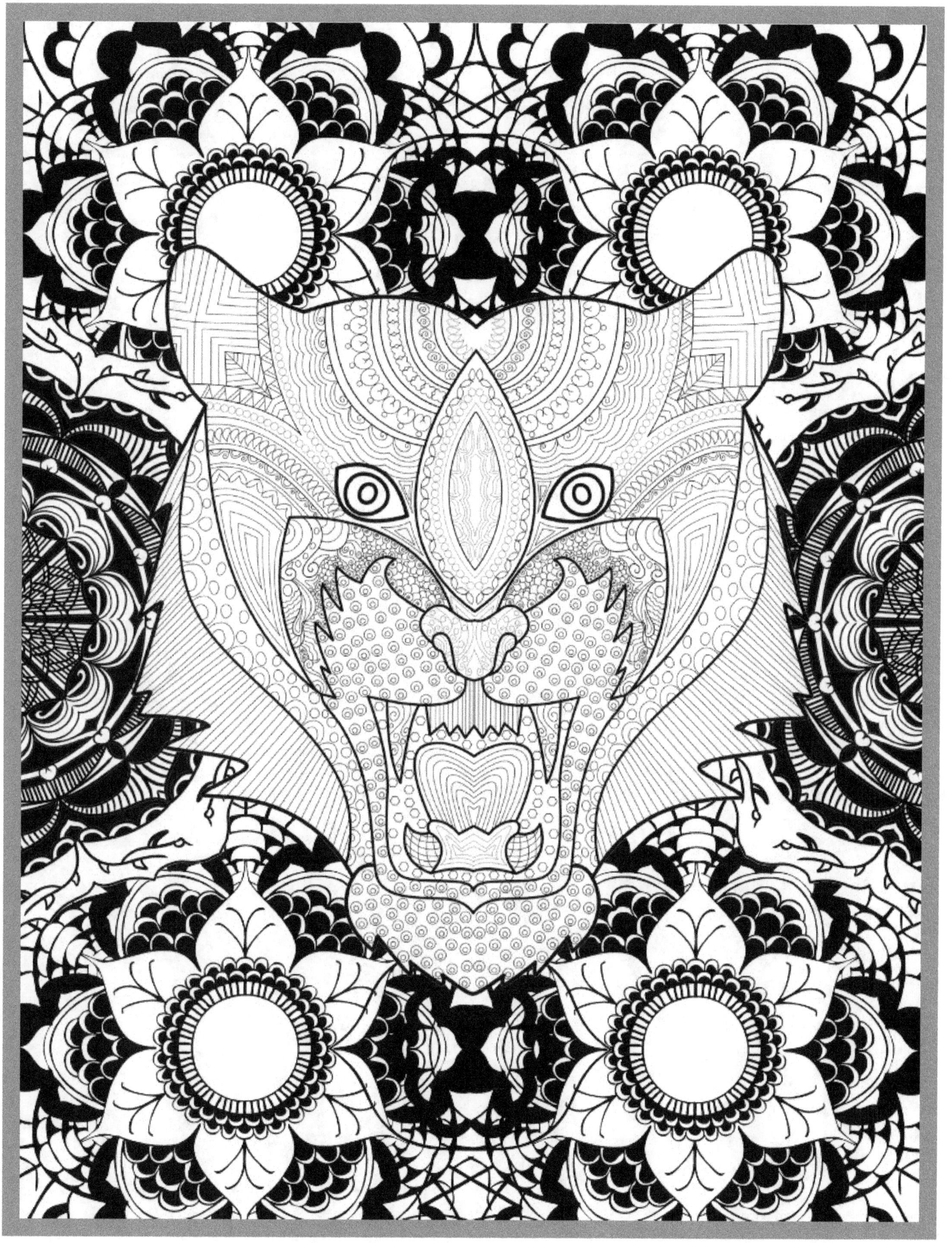

www.ingramcontent.com/pod-product-compliance
Lightning Source LLC
Chambersburg PA
CBHW080231180526
45158CB00010BA/3075
* 9 7 8 1 0 7 9 6 4 7 9 6 9 *